諷詩調詩集・499

풍간시초・15

박진환 제551시집

지성.감성의 메타언어
조선문학사시인선.1012

諷詩調詩集·499

풍간시초(諷諫詩抄)·15

조선문학사

■ 책머리에

600권의 시집에 가 닿고 싶다

　이번 풍시조시집은 『풍간시초(諷諫詩抄)』란 타이틀로 『책선시초(責善詩抄)』 이후에 쓴 풍시조 2,800편을 100편씩 28권의 시집에 나누어 묶었다.

　타이틀 풍간(諷諫)이란 말은 '살며시 나무라는 뜻을 붙이어 비유로 남을 깨우친다'는 말이다. 바꾸어 풀이하면 잘못을 비유로써 깨우친다 함이니 시로써 징벌하는, 문화적으론 선에 이바지함쯤이 된다. 풍시조 식으로는 악에 감행하는 시의 복수도 되고, 복수의 시가 되기도 한다. 그리고 악에 감행한 문화적 징벌이니 선에 이바지하는 개선(改善)의 의도쯤이 된다.

　시대・세태・현실에서 자행되고 있는 부조리・비리・악행과 같은 시대적 병리를 비유로써 일깨워줌으로써 선을 일으켜 세우려는 문화적 행위쯤이 된다.

풍시조가 악의 교정을 통한, 악을 징벌함으로써 선을 일으켜 세우고자 하는 선에의 봉사라는 점에서 '순수한 통징'의 감행이라고도 할 수 있다.

 나름의 풍시조 시에 대한 신념에 충실하고자 하고 앞으로 중단됨이 없이 더 써서 600권의 시집에 가 닿고 싶다.

2025년 仲秋

저자

박진환 제551시집 / 諷詩調詩集 · 499

풍간시초 · 15

차례

책머리에_600권의 시집에 가 닿고 싶다 / 5

2025년 7월 29일
겁화 못 면할 판이어서 / 13
매를 때려라지 / 14
소이가 아니던가 / 15
악악(樂樂) / 16
아닌 것을 / 17
망하고 / 18
살아남으려면 / 19
참는 자에게 복 있나니 / 20
안 말려 / 21
포식자 배 채우기 마련 / 22
꿈꼬대 / 23
일 생겼잖아 / 24
듯싶어서 / 25
그래 / 26
지켜보는 국민이 부끄러울까? / 27
줄줄이 엮어가서 / 28

다행이지 / 29
침몰할 테니까 / 30
안하니만 못해서 / 31
예고편 같아서 / 32
사수한 적 없어서 / 33
S자에 피칠은 해가지고 / 34

2025년 7월 30일
참 외로운 나라구나 / 35
다르지 않아서 / 36
친구로 / 37
복통 안 일으킬지? / 38
꺼없으니 / 39
잘 아시면서 / 40
그 상판대기지 / 41
더 있어 / 42
전자는 아닌 듯싶고 / 43
시끄럽겠다 / 44
했던가 / 45
윙윙 돼서 / 46
그리 됐겠나만 / 47
딱 그래 / 48
소인은 쉽게 노한다 했던가 / 49

2025년 7월 31일

거지 / 50

거지같이 / 51

명언이었던 것을 / 52

더 나을랑가 / 53

겁파(劫波)나 면할지? / 54

메가톤급이어서 / 55

iPien tao거든 / 56

부러워라 / 57

재촉하는 / 58

다르지 않을 듯싶어서 / 59

그 반대의 경우도 있어서 / 60

왜 우르르 미국으로 달려갔게? / 61

다음 차례는? 기다려봐, 죄지은 쪽 / 62

구속할 일도 없어서 / 63

안 믿은 사람 없을 듯 / 64

피 먹고 싶어져서 / 65

그런 일 없다고, 아무도 몰라 / 66

그래 / 67

2025년 8월 1일

열옥 되면 그래 / 68

시력장애 아니었으면 / 69

고돼도 돼고 / 70

돈 없으면 상대도 안 해 / 71
과제 같아서 / 72
절망에 업혀 살 듯 / 73
정상회담 / 74
끌려가기 마련 아니던가 / 75
역학 관계여서 / 76
힘을 길러야 / 77
지구촌 삶이어서 / 78
혈세여서 / 79
어디까지 갔나? / 80
겁에 질려 사는 세상 / 81
미국에 울려 퍼질 듯 / 82
따로 있어서 / 83

2025년 8월 2일

그래도 "아무 일도 없었다"고? / 84
앗 뜨거 / 85
에끼 / 86
꼴이 뭐람 / 87
상협박이지 / 88
있었남? / 89
뒷걸음질 칠 것 같아서 / 90
열옥 맞제 / 91
연옥이란 뜻이었던 것을 / 92

훨씬 위대하게 보여서 / 93
않거든 / 94
언제? / 95
더 더러운 년도 있어서 / 96
얼룩 / 97
드러나서 / 98

2025년 8월 3일
속옷차림이건 뭐건 / 99
미국은 좋아 / 100
폭염 염병이야 / 101
죄가 하나씩 더 늘어서 / 102
바뀌어서 / 103
좋아하듯 / 104
마음 바꾸면 몰라도 / 105
복덩인 것을 / 106
시커멍뿐인 것을 / 107
눈감고 보는 연습해야 / 108
안 보일 밖에 / 109
시력 퇴화된 것을 / 110
쏟아냈으니 / 111
참아야 복도 / 112

■ 시집 평설을 대신해서_諷詩調에 대한 사계의 견해
　　　　三行詩의 안팎_문덕수 / 113
　知的調律에 의한 시 意味의 密度와 結晶度_성찬경 / 122
　　　　　　諷詩調의 깃발과 風向_김용직 / 128
　　　박진환의 3행 '諷詩調'에 대하여_최원규 / 131
　　　　　　　　　　풍시조 읽기_문효치 / 136
　諷詩調에 나타난 형이상시법의 수사법_최규철 / 140

2025년 7월 29일

겁화 못 면할 판이어서

홍준표 전 대구시장, 윤석열 경선 승리를 '신천지, 통일교 덕' 했데
사실이라면 천파만파, 파고 태풍차원 시원하겠네만
파고 아닌 불길이면 어쩐다 국힘, 겁화(劫火) 못 면할 판이어서

매를 때려라지

쩐명, 선명성 경쟁만 하는 민주당 했던데, 정치란
속성이 매맞을 짓거리만 골라해서, 정치 정(政)자가
바를 정(正)자에 칠 복(攵)자를 곁인 이유, 잘못하면 매를 때려라지

소이가 아니던가

미련한 소도 길 잘못 들어서려고 할 때 주인의 '어디여' 한마디에
바른길로 들어서는데 정치인들은 매로 쳐도 헛발질 일삼으니
소만도 못한 소이가 아니던가

악악(樂樂)

'매미가 운다' 했던데, 틀렸어, 악을 쓴다 했던데, 틀렸어, 악악 질러대는 소리를 울음으로 들으면 운다지, 헌데 악악을 樂樂으로 들으면 노래 아니던가, 시원한 그늘 골라 노래한 것을 악악(樂樂)

아닌 것을

울음도 좋고, 노래도 좋고, 짝짓기, 구애의 호소여도 좋고
그리 질러대는 악에도 '시끄럽다'고 막아서는 이 없으니
귀와 노래는 한통속, 귀 따로 노래 따로가 아닌 것을

망하고

정부 미국에 MASGA 제안했다데, MASGA란 게 미국을 다시 위대하게란 뜻의 MAGA에 조선업 shipbuilding 끼워넣기 미국은 미국 어게인으로 한몫보고, 윤석열 어게인은 재구속으로 망하고

살아남으려면

흥망성쇠라 했던가, 흥하면 언젠가는 망하고, 망했다가
언젠가는 흥하고, 역사란 도돌이표, 안 망하려면 끼어들기나
끼워넣기 잘해야, 흥하기보다 살아남으려면

참는 자에게 복 있나니

만년적자 삼성전자, 곤두박질치는 주가에도 지켜보고 있었더니
테슬라와 23조 원 규모 반도체 위탁생산 계약으로 상승세
기다린 보람 있을랑가? 참는 자에게 복이 있나니

안 말려

북 김여정 뿐데없는 말솜씨 "한국과 마주앉을 일 없다"고
그래, 싫으면 관두고, 허긴 중·러 같은 대국과 놀다보니
간이 배 밖으로 나온 게야, 안 말려

포식자 배 채우기 마련

대미관세 전쟁, 힘없는 쪽이 쪼그라지기 마련
코리아라고 별 수 있겠나, 조선업이라고 버팀목 구실
하겠나, 결국엔 쪼그라지고, 포식자 배 채우기 마련

꿈꼬대

국힘 대표주자들 혁신 '동상이몽' 했다데, 허니 어찌
합의도출 당쇄신으로 이끌어가겠나, 전매특허품
꿈꼬대로 끝날 것을, 미몽에서 깨어나지 못한 꿈꼬대

일 생겼잖아

윤상현, 끝내 버티지 못하고 실토 "김영선 잘 좀 해줘라"
윤석열 전화 받았다고, 그래도 '아무 일 없었다고'
'아무 일도 일어나지 않았으면 왜 구속신세, 일 생겼잖아

듯싶어서

윤석열에 의해 불의로 입은 피해, 사면 복권으로 바로 세우기
그래야 되겠지요, 그렇고 말고요, 그러자고 독재에 항거해
싸우지 않았던가요? 조국이 그 대표적일 듯싶어서

그래

'죽은 자가 산 자를 구할까?' 했던데 과학이나 상식으론 불가
허나 과학과 상식 넘어섰을 땐 가능, 김구는 죽음으로써
산 자의 자유를 구했으니까, 애국이란 큰 틀에선 그래

지켜보는 국민이 부끄러울까?

'당선은 정말 부끄럽지 않습니까?' 했던데, 절대로 부끄럽지 않아요
'아무 일도 없었으니까' 그리고 '아무 일도 일어나지 않았으니까'
헌데 왜? 왜? 지켜보는 국민이 부끄러울까?

줄줄이 엮여가서

어쩌다 윤석열 정권이 저리 되었나, 용산의 텃자리가
명당인 줄 알았더니 전남 영광 법성포 포구만도 못한
흉터였어, 용산물 먹었다 하면 조기 엮이듯 줄줄이 엮여가서

다행이지

부산에 큰 산 없고, 군산에 큰 산 없고, 용산에도 큰 산 없고 큰 산이 있었으면 싶어 산자 넣었는데 없었기에 다행, 용산 봐 큰 산 있어 용 올랐던들 어찌 됐겠는가? 승천 못했기에 다행이지

침몰할 테니까

'낯선 세계를 항해하는 한국외교를 응원한다'고?
낯익은 세계도 배 산으로 가는 판에 낯선 세계면
응원하고 말고도 없지, 난파 아니면 침몰할 테니까

안하니만 못해서

'개헌 불능국가에서 벗어나야 했던데, '개헌 불능국가가 어디?'
몰라서 묻나 벗어나지 못한 우리들이 그 알량한 나라지
개헌을 못하는 게 아니라 개헌할 것이 없어, 해봤자 안하니만 못해서

예고편 같아서

정부가 미국에 제안한 MASGA의 S자가 붉은색이데
돋보이라고? 강조하고 싶어서? 자랑하고 싶어서? 틀렸어
적(赤)자란 게 마이너스거든, 칼질 당해 피 흘린단 예고편 같아서

사수한 적 없어서

미의 농축산물 개방 압력, 전망 불가피인데, 그걸 읽은 농민들
'식량주권 사수' 했데, 살아남기 위해서 죽음 택할 수도
헌데 대미 앞에 하고 단 한번도 사수한 적 없어서

S자에 피칠은 해가지고

사수 면하기 위해 정부가 농민에게 보상한다고 치세, 그 보상이 누구 돈인가? 혈세 아니던가? 고스란히 흘린 피가 국민 몫 아니냐고? 그게 무슨 자랑이라고 S자 피칠은 해가지고

2025년 7월 30일

참 외로운 나라구나

열에 한 집 '노인 혼자 산다'데, 허면 독거가 전 가구의 10분의 1을 차지한다 이거렷다, 독거란 게 독고와 다르지 않은 등식이니 코리아 참 외로운 나라구나

다르지 않아서

키르케고르 선생의 진단에 의하면 '고독은 죽음에 이르는 병' 했던데
전 가구의 10분의 1이 독거면 이미 공동묘지네, 옛날 같으면
고려장, 사실 독거란 게 버려진 삶과 다르지 않아서

친구로

북 김여정, 트럼프 향해 '어떤 선택안도 열려 있다' 단 핵보유
인정 전제란 단서, 트럼프, 핵보유국 인정 진작에 안 했던가
대화해, 관세 폭탄 필요 없으니 흥정 말고 친구로

복통 안 일으킬지?

프랑스에 이어 영국도 팔레스타인 국가 승인 추진
가자 지구 가자 지옥 못 면하더니 구원돼 낙원 될랑가
이스라엘은 복통 안 일으킬지?

꺼얹으니

　'잠이 보배다,' '잠이 보약이다'란 말 옛분들 말씀이다
헌데 요즘 열대야로 잠을 설친다, 보배도, 보약도 열대야가 다 앗아
가버린 셈이다. 대신 열옥 더위에 더위만 열대야 스무대야 꺼얹으니

잘 아시면서

트럼프 관세 협상서 '무엇을 지킬까' 넘어 '무엇을 얻을까' 고민해야 한다고? 다 틀린 듯, '지킬 갓'도 없고, '얻을 갓'도 없고, 있는 것은 '뺏긴 갓'뿐이어서, 잘 아시면서

그 상판대기지

한미 관세 협상, 한국 조선 내밀며 협력 제안에 미
고위급은 호응 차원인데 정작 결정권자 트럼프는 '시큰둥'
언제는 웃었나, 그 상판대기가 그 상판대기지

더 있어

옛분들 꼬락서니 사나우면 하는 말 '상판대기가 꽹과리 같다' 안 했던가, 그런 사람 미국에도 있고 한국에도 있어, 누군 누구야, 그 사람밖에 더 있어

전자는 아닌 듯싶고

국방부기관지 '국방일보' 안규백 새 장관 취임사서
12.3 불법 계엄 관련 언급 싹 뺏다데, 실수였을까?
군 출신 아닌 민간인 장관이어서였을까? 전자는 아닌 듯싶고

시끄럽겠다

'국힘 전대 혼돈' 했던데, 혼돈이면 카오스, 카오스는
조직적인 혼란에서 야기된다 했던데, 국민도 조직이라고
혼돈이라니, 혼돈뿐이겠나, 사촌 혼동까지 시끄럽겠다

했던가

시끄러움을 유식하게 소란이라고 하지, 소란을 제정신이
아니다 했던데, 옛분들 이를 두고 '뱀 본 새들 지저대듯'이니
'벌집을 건드렸다'느니, '나갔던 파리 앵앵'거린다 했던가

윙윙 돼서

그도 그럴 것이 정치도 참새떼 지지배배, 똥파리 앵앵, 말벌들 윙윙
시끄럽기가 굉음차원, 종교도 못지 않아서, 정·종이 겹치기면
세상이 시끄러울 판, 어쩌다 국힘이 지지배배, 앵앵, 윙윙 돼서

그리 됐겠나만

옛분들 군자는 말이 적고 소인배는 말이 많다 했던가
말씀대로 말 많아 시끄러우면 소인배 판이란 뜻
허기사 군자 있었던들 그리 됐겠나만

딱 그래

군자에겐 세 가지 면모가 있다 했데, 멀리서 바라보면
싹싹하고, 가까이하면 부드럽고 그 말을 들으면 엄숙하고
헌데 시끄러움뿐이면? 어느 당이 딱 그래

소인은 쉽게 노한다 했던가

어느 분의 대노(大怒)가 도마 위에 올라 연일 왈가왈부던데
어떻게 분노를 터뜨렸기에 두고두고 대노대노 해쌓는지
영국 신사분들 말씀 중에 '소인은 쉽게 노한다' 했던가

2025년 7월 31일

거지

미국 관세 "한국 모든 것을 가져오라" 압박했다지만
실질적으론 협박, 이런 게 으르고 다잡음 힘으로 누름 아니던가
코리아만 그랬겠나, 세계가 미 협박, 패권에 당한 거지

거지같이

힘없으면 당하고 살아야, 현실적 삶만이 그러한 게 아냐
역사적 삶도 그랬어, 조선조 때 중에 바친 조공이나
'모든 것 가져오라' 한 미의 압박이 똑같은 거야, 거지같이

명언이었던 것을

거지면 빌어먹기라도, 조공은 거꾸로 갖다 바침이 아니던가
유식하겐 상납, 무식하겐 당한 강탈, 물질뿐이겠나
억울하면 출세하라 했던가, 유행가 가사가 명언이었던 것을

더 나을랑가

걸개(乞丐), 걸인(乞人), 유개(流丐), 거지라 했다고
탓 마시게나, 꼴이 그랬단 말씀이지, 허긴 꼴만이 아닌
신세가 그리됐지만, 구걸보다 상납이 더 나을랑가

겁파(劫波)나 면할지?

'거지는 파산이 없다' 했데만, 가진 것이 없으니 파산할 일 또한 없음이다, 헌데 거지도 상거지에 파산이란 쓰나미 앞에 하고 있어서 겁파(劫波)나 면할지?

메가톤급이어서

대미 관세 협상, 말이 협상이지, 미 일방적 요구 충족 위한
모양새 갖춘 테이블에 둘러앉기지, 앞으로 다가올 변수
주한미국 주둔비를 비롯한 갖가지 압박, 관세 폭탄 메가톤급이어서

iPien tao거든

어쩌겠나 살아가려면 힘에 맞서기보다 힘 좇아가야지 미 하는 짓 봐, '가져오라면 가져와' 식 아니면 '시킨대로 하란 식' 아니던가, 살아남으려면 편승, 편승이 iPien tao거든

부러워라

이러쿵저러쿵 입 놀려봤자 결과는 협상 아닌 조공 차원
오직 부러운 건 브라질 같은 맞서기 배짱
룰라인지, 로라인지, no 노자로 놀라인지, 부러워라

재촉하는

이 대통령, 큰 고비는 넘긴 것으로 풀이한 한미 관세
보기에 따라선 밀려오고 있는 파고 보인 듯해서
그것도 쓰나미급 파고, 좌초 아니면 난파 재촉하는

다르지 않을 듯싶어서

관세 폭탄, 관세 협상이란 말은 자주 써왔지만 '관세 약탈'이란 말 눈길 끌데, 이보다 더 적절한 비유 없을 듯싶어서, 우리말에 '남의 등쳐 먹는다', 약탈·초탈(鈔奪)이 다르지 않을 듯싶어서

그 반대의 경우도 있어서

약탈을 두고 하는 말에 구략(驅掠)이란 말 있지, 몰래 훔쳐 먹고
속여 먹는 것보다 더 더러운 날강도짓, 쫓아가서 재물을
노략질함을 이르는, 헌데 그 반대의 경우도 있어서

왜 우르르 미국으로 달려갔게?

쫓아와 빼앗는 것보다 점잖고 체면도 유지하는 노략질이 스스로 가져와 바치는 조공 아니던가, 옛 우리 왕조의 전매특허품이었던 지금도 다르지 않아서, 한국 재벌들 왜 우르르 미국으로 달려갔게?

다음 차례는? 기다려봐, 죄지은 쪽

러 캄차카반도에 규모 8.8 초강진, 태평양 연안을
쓰나미 공포로, 하늘이 내려다보고 있음이야
다음 차례는? 기다려봐, 죄지은 쪽

구속할 일도 없어서

소환불응 윤석열 체포영장 청구 두고, '이번엔 가능할까?' 했던데
저리 창피할 수가, 한두 번도 아니고 구금 중에 또 체포영장
더럽게 살았음이야, 죄 지은 일 없으면 구속할 일도 없어서

안 믿은 사람 없을 듯

김건희 반클리프 아펠 목걸이가 가품으로 판명났다데
대통령 영부인이 외국 순방 때 가짜 목걸이 내밀고 활보했다?
아무도 믿을 사람 없을듯, 대신 바꿔치기했다엔 안믿을 사람 없을 듯

피 먹고 싶어져서

일어났다 하면 총기살인 난도살인, 하루가 멀다하고 살인사건
날씨가 더워선가, 사르트르 소설 『구토』도 더위가 살인으로
작용했어, 더위 먹으면 물 먹어야지 피 먹고 싶어져서

그런 일 없다고, 아무도 몰라

팔레스타인 국가 지지로 서서히 외연 넓혀가고, 반대로 서서히
외연 죄어드는 이스라엘, 세계의 외면으로 고립무원 안 될지
걱정말라고, 미국 허리띠 붙잡고 있는한 그런일 없다고, 아무도 몰라

그래

김건희의 목걸이 진품이냐? 가짜냐? 보다 분명한 게 하나
뇌물이라면 진품이어도 죄, 가짜여도 죄, 결론은 죄이니
이번 차롄 죄의 대가 지불인 뒤바뀌어, 주고받는 세상이 그래

2025년 8월 1일

열옥 되면 그래

서울구치소 주변에 열독 번진 열병 창궐지대 됐데
정확하지 않은 꼬리 흐려 외치는 연호 윤열 윤열
더위 먹고 열옥 되면 그래

시력장애 아니었으면

한미 관세 협상 때 국내 재벌 그룹 총수들 다투어 방미
애국심의 표출로 평가되데만 보기에 따라선
조공행차 같아서, 왜 그렇게 보일까? 시력장애 아니었으면

고돼도 돼고

관세·관세가 만세였으면 좋았을걸, 산세 같아서
산세란 게 높을수록 험하고 가파르기 마련, 일찍이
이백(李白) 이를 두고 고재(高哉) 했거니 우리말로 고돼도 돼고

돈 없으면 상대도 안 해

한미 관세 협상 때 국내기업 총수 방미 두고 자진했데
헌데 왜 자진(自進)이 거꾸로 타진(他進)으로 생각될까
자진이건 타진이건 돈 없으면 상대도 안 해

과제 같아서

문제는 총체적 전망, 남은 과제가 한둘 아니어서
트럼프 변덕이 변수, 변수란 게 병적일 정도
도지면 그게 과제, 헌데 과제가 과제(課題) 같아서

절망에 업혀 살 듯

미 관세협상, 미 팔 것 다 팔아먹고, 챙길 것은 다 챙기는 협상 아닌 협박 차원의 일방적 합의, 억울할 것 없어, 힘없으면 힘에 업히거나 끼어 살아야, 희망이란 게 절망에 업혀 살 듯

정상회담

한·미 정상회담, 고대하고 고대했으니 그 아니 다행?
헌데 국민들은 ?만 찍어서, 뭘 추가 요구할지 알 수 없는
챙길 것 더 없으면 서두를 것 없는 정상회담

끌려가기 마련 아니던가

한·미 정상회담 두고 호흡 잘 맞춰졌으면 기대치던데
호흡은 무슨, 무얼 더 요구하고, 더 줄 것인지 팽팽한
줄다리기지, 줄다리가? 힘 있는 쪽으로 끌려가기 마련 아니던가

역학 관계여서

국방비·무기 판매 등 미가 아껴두고 있는 장사 속셈
정상회담 테이블에 오르는 건 불 보듯 뻔해서
동상이몽이 아니어, 꿈도 따로 꿀 수 없는 것이 역학 관계여서

힘을 길러야

이 대통령 한·미 정상회담 소감 "힘을 길러야 하겠다"
힘없으면 끌려가기 마련인 것이 힘의 역학
억울하면 출세가 아니라 힘을 길러야

지구촌 삶이어서

한·미 관세 협상 잘 됐느니, 잘못 됐느니, 트럼프가
손 뒤집기에 달려 있다느니, 말말말 말말 많던데, 말이 아니라
힘이여 힘, 힘이 끄는 대로, 힘에 끌려가는 것이 지구촌 삶이어서

헐세여서

힘? 힘? 힘? 힘? 백번을 주먹 불끈 쥐어봐도
주먹 날릴 일 없고, 맞을 일만 있어서
맞을 때마다 흘려야만 할 코피가 헐세여서

어디까지 갔나?

'더 크게 윤어게인' 외치던데, 더 크게 외치면 외친 만큼
다시 구속, 또 구속에서 영구 구속으로 몰고가는 어게인
어게인, 어게인, 어게인, 어디까지 갔나?

겁에 질려 사는 세상

한미관세협상두고 큰불은껐지만 잔불아직많이남아있고, 인화성물질 산적 했다던데, 언제고 일어날 불씨란 뜻, 산으로 가면 겁화(劫火)요 바다로가면 겁파(劫波), 하늘로가면 겁풍(劫風), 겁에질려사는세상

미국에 울려 퍼질 듯

미의 50% 관세 폭탄에 브라질 룰라 대통령 '끌려다니지 않을 것
힘의 탄력 부정, 오기의 힘이란 게 안내의 힘 앞에서는 물거품
룰라 룰라룰 룰라 룰라룰 브라질 송, 미국에 울려 퍼질 듯

따로 있어서

8월로 잡힌 한미 정상회담, 뭘 경계하고 뭘 기대해야 할까?
글쎄요? 기대는 쏙 빼고 경계엔 촉각 꼿꼿이 세워야할 판
관세 협상에서 빠진 미가 챙겨야 할 안보 보따리 따로 있어서

2025년 8월 2일

그래도 "아무 일도 없었다"고?

특검 강제구인에 윤석열 속옷으로 누워버티기, 아이고 남사스러워라 나라님이 속옷으로 드러누워 버티기라니, 벌거숭이임금님과 다를 것이 없구나, 그게 무슨 구인, 그래도 "아무 일도 없었다"고?

앗 뜨거

강제구인에 끌려가지 않기 위해 체통도, 자존심도 다 버리고 속옷으로 갈아입고 버티기라니, 그래도 집행 강행하면 더 추한 꼴 보였을지도, 상상만 해도 앗 뜨거

에끼

속옷 바람으로 드러누워 신성한 법 집행을 거부하는 나라님
법을 뭘로 보고, 국민을 뭘로 봤으면 그 추태, 복당살이면
부끄러움 깨달을 줄 알았더니 부끄러운 짓만 골라해서, 에끼

꼴이 뭐람

윤석열 어게인 부대, 속옷 바람으로 누워버티는
나라님 지켜보다 어게인이 에게게로
에게게 꼴이 뭐람

상협박이지

한미 관세협상 , 미 고압 자세, "싫으면 관둬식"
토 달지 말고 요구대로 따르란 고압책, 이게 무슨 협력이야
협박도 상협박이지

있었남?

윤석열, 속옷 바람이었다던데, 속옷 바람이면
팬티에 러닝, 복당을 안방으로 알았던 것일까?
김건희 여사도 있었남?

뒷걸음질 칠 것 같아서

속옷 바람, 말도 안 돼, 말만 안 되나, 꼴도 안 돼서
꼴만 안 되나, 눈 뜨고는 못 보지, 어게인 부대도
어게게 어게게 하면서 뒷걸음질 칠 것 같아서

열옥 맞제

세상이 하도 따갑게 돌아가니 정신을 차릴 수가 없다
정신만 그러게 육체는 불가마 껴안고 있어 염병차원
영육이 공평하게 염병앓이면 열옥 맞제

연옥이란 뜻이었던 것을

맞고 말고요, 직접 체험하는 것보다 더 확실한 게 또 있던가요
더위먹고 맴맴, 열독에 감염돼 맴맴, 염병에 맴맴, 매미
부대, 제녀(齊女)들이 맴맴 하는 소이, 열옥이란 뜻이었던 것을

훨씬 위대하게 보여서

세계가 트럼프 관세 폭탄에 포연지대, 영웅은 시대가 만든다
했던가, 트럼프에 당당히 맞서는 브라질의 룰라가
이 포연시대의 영웅같아서, 트럼프보다 훨씬 위대하게 보여서

않거든

룰라가 트럼프보다 위대하게 보이기보다 트럼프가 룰라보다
못나도 지지리 못나게 보여서, 해서 하는 말, 트럼프를
관세 방화범이라고 하지 영웅이라고 하지 않거든

언제?

폭염이란 게 스스로 물러 서는 법 없어, 뭐니 뭐니 해도
태풍이 달려와 덕석말이해 가버려야 폭염 사라져
해서 태풍 지나가야 않던가, 기다리는 귀한 행차, 태풍은 언제?

더 더러운 년도 있어서

젠체 힘자랑하는 놈도 더럽고, 힘자랑하다 복당살이
하는 놈도 더럽고, 깨끗한 놈도 있던가? 그나마
다행으로 알더라고, 더러운 놈보다 더 더러운 년도 있어서

얼룩

더러움의 기준이 뭐냐고? 때 묻음이지, 때 하면 그것보다
더 더러운 것도 있던가, 뭐냐고? 정치 때
헹구면 헹굴수록 더 드러나는 얼룩

드러나서

정치 얼룩이란 게 작문정치·작화정치와 같이 비단 같은 것이어서
펼치면 고운 빛깔에 고운 무늬, 접으면 무명만도 못한 천
비단으로 치장했다 끝나면 비난의 때만 드러나서

2025년 8월 3일

속옷차림이건 뭐건

복당살이 윤석열, 그간 380여 명 면회 접견 380여 시간
접견실에서 보냈다데, 그게 무슨 복당이야, 천당이지
천당으로 아신다면, 오래오래 계셔, 속옷차림이건 뭐건

미국은 좋아

norc란 복지서비스를 제공하고 있는 미 지역 서비스 시설
한국요양원을 돌아올 수 없는 다리라 한 것관 달리 동네에서 서로
어울려 살면서 존엄한 노년생활, 트럼프는 싫어도 미국은 좋아

폭염 염병이야

폭염에 이어 폭우, 폭자 놀음으로 놀겠다 이건데, 미 관세 폭탄도
더럽지만 폭염, 폭우도 더러워서, 세상이 왜 이리
폭자로 몸살을 해야 할까? 몸살이라고? 폭염 염병이야

죄가 하나씩 더 늘어서

윤석열 구치소에서 버티기, 속옷차림으로 버티기 두고
조폭보다 못한 국격 무시, 무시하면 할수록 속속 드러나는
내란수괴죄, 죄·죄·죄, 버틸 때마다 죄가 하나씩 더 늘어서

바뀌어서

윤석열 버티기, 잦은 접견, 의존할 곳이란 게 오직 '윤석열 어게인'
여론전 뿐, 헌데 어쩐다, 여론·남론 속옷버티기 이후엔
어게인이 어어어, 감탄사 아닌 혐오의 어로 바뀌어서

좋아하듯

법에서도 밀리고, 여론에서도 밀리고, 밀리고 밀리다 마지막
소유되고 방어된 공간이 복당이란 걸 깨달은 모양
어린애들이 지네끼리의 소유공간 다락방 좋아하듯

마음 바꾸면 몰라도

청와대 용산 용궁 내주고 마지막 가는 길이 복당이라니
팔자 사납기가 비할 데 없는 상팔자여서, 팔자 그리 타고
났으면 도리없어, 지금이라도 마음 바꾸면 몰라도

복당인 것을

윤석열 어게인, 헛소리로 내지르긴 해도 효력은 이미,,벌써, 진즉 끝났어, 끝난 걸 기대하고 꿈꾸다니, 꿔도 헛꿈일밖에, 꿈꾸라고 밀어넣은 곳이 아니라 꿈깨라고 밀어넣은 곳이 복당인 것을

시커멍뿐인 것을

윤석열, 입 열었다 하면 '시력저하 운운', 그럴밖에
시계(視界)가 열려 있어야 뭘 보든지 말든지, 당초
시계 캄캄인데 안 보인다고? 보이면 뭘해 온통 시커멍뿐인 것을

눈감고 보는 연습해야

눈 뜨고 보고자 하면 어둠뿐, 눈감고 보면 훤히 보여
그걸 볼 줄 알아야, 마음이 열림이니 열림 따라 좇으면
좌우 시력 1.5로 회복돼, 눈감고 보는 연습해야

안 보일 밖에

세상 보지 말라고 담 둘러쳐 외부차단한 것이 복당, 복당에 갇혀
뭘 보겠다고 시력 운운, 복당 안에선 외계보다 스스로를
들여다보고 잘못 깨닫고 뉘우쳐야, 그걸 거꾸로하니 안 보일 밖에

시력 퇴화된 것을

궂은 것 외면하고 애써 좋은 것만 골라 보려고 해도 늙으면
차차 시력 퇴화하는데, 맨날 죄지은 놈만 상대했으니
못 볼 것을 너무 많이 본 게야, 그만 보라고 시력 퇴화된 것을

쏟아냈으니

더러는 눈물을 흘려 못 볼 것을 본 눈 닦아내야, 문제는 눈물을
흘려봤어야 더러운 갖가지 닦아낼 수 있는 것을 눈물이라곤
흘릴 줄 모르고 눈에 불켜 분노만 핏대로 쏟아냈으니

참아야 복도

불승분노(不勝忿怒)라 했던가, 분노를 참아내야
인위지덕(忍爲之德)의 군자 대접 받는 법, 사사건건
화만 내며 터뜨리는 분노는 소인배 짓거리, 참아야 복도

■ 시집 평설을 대신해서_諷詩調에 대한 사계의 견해

三行詩의 안팎

문덕수(전 예술원 회원)

1.

박진환의 三行詩Ⅷ『諷詩調』를 읽고 느낀 바가 많지만 다 말할 수는 없을 것 같다. '諷時調'라고 하지 않고 '諷詩調'라고 한 것은 '시조(時調)와는 다른 장르임을 말하는 것이 분명하고, '풍조시(諷調詩)'가 아니라 '풍시조(諷詩調)'라고 한 것은 이와 유사한 다른 장르명의 어순을 따를 필요가 없음을 암시한 것 같다. 어쨌든 '풍시조(諷詩調)'는 다른 누구의 것도 아닌, 바로 박진환의 장르다. 그가 풍시조의 시조요, 창업자다.

'풍시조(諷詩調)'의 '풍(諷)'은 '풍자(諷刺, satire)'일까. '풍유(諷喩, allegory)'일까(諷諫, 기자(譏刺)라는 말도 있다). 풍(諷)은 '言十風(음)'으로 된 글자인데, 떨리는 소리로 낭독하는 것을 풍송(諷誦)이라고 하고, 바람이 나뭇가지나 이파리를 흔들듯이 사람의 마음을 움직이는 것을 '풍(諷)'이라고 한다. '풍자'는 후자에 해당한다. 그러나 이러니저러니 따질 필요는 없다. '시 작품' 자체가 시론이기 때문이다. '풍시조'의 정체는 박진환의 작품에 있다고 하겠다.

113

> 달콤한 오수 깨며 띠리링 울리는 벨소리 속 목소리
> 　　기막힌 부동산 정보 전해 드리려고요
> 너나 기막히세요, 난 귀 열고 매미소리나 벗하리니
> 　　　　　　　　　　　　　　　―「귀 열고」

　IT매체들(휴대전화 등)을 통해 부동산 중개업자(복덕방)의 이러한 극성스러운 메시지는 시민들이 역겹도록 경험하고 있는 현실이다. 시도 때도 없는 각종 정보 발신에 시민들이 무방비 속에 시달리는 것은 정보공해라고 할 수 있다. 이 시는 요즘의 이러한 부동산 시장의 상황과 정보공해가 전제되어 있고, 이러한 상황을 어느 정도 공유하고 있는 독자에게만 공감이 절실할 것이다. 풍자건 유머건 간에, 독자의 다양한 지적 교양이 전제된다는 점에서 지성적 활동이라고 할 수 있다(박진환을 '주지시'의 계열의 중요시인으로 보는 것도 이 때문이다).

　2.
　왜 3행시일까. 20행, 30행의 장시나 산문시면 안 되는가. 초·중·종장과 같은 3행이지만, 시조의 율조와는 관계가 없다. 종장 '3·5·4·4'와 같은 율조도 지킬 필요가 없다. 음보와도 관계없다. 시조의 3행과 같다는 말도 사실상 난센스다. 그럼에도 3행시로 한 뭔가의 이유가 있지 않을까. 앞에 든 「귀열고」에서 여러 가지 장치를 전지(剪枝)하고 3단논법의 뼈대만 추려 본다.

> 남을 괴롭히는 전화는 받기 싫다(대전제)
> 요즘의 부동산 정보전화도 사람만 괴롭힌다(소전제)
> 그러므로 내게 그런 전화하지 말라(결론)

이와 같은 논리쇼('화소'라는 말이 있지만 '논리소'라고 해둔다)로 환원시켜 놓고 보면, 「귀열고」는 3단논법의 시상 전개임을 어느 정도는 이해할 수 있다. 상황 제시(대전제, 제1행), 권유나 권고(소전제, 제2행), 거절(결론, 제3행)로 된 3단형이나 구문면에서는 문답형이다. 3단 논법이란 2개 이상의 전제를 제시하고, 거기서 결론을 도출하는 추론형식이다. 2개든 3개든 2행으로 전제를 제시하거나 열거하고, 논리 진행의 반전, 좌절, 총합 등으로 결론을 도출하게 되면 '3단형'이 되지 않을 수 없다. 또 구문상의 '문답형'으로 본다고 하더라도 물음과 답이 각각 1행씩 합해서 2행이 되고, 물음과 대답을 성립하기 위한 전제적 상황 제시가 1행을 차지하면, 이 또한 3행 형식을 취하게 된다.

> 돈 많은 세상에 돈 없이 배고파하는 꼴이나
> 물난리에 물이 없어 목말라 하는 꼴이나
> 사람 중에 사람 없어 정치공황 부황든 꼴이나
> ―「꼴이나 꼴이나」

「꼴이나 꼴이나」도 3단형이긴 하나 논리의 극적 국면(반전, 좌절 등)이 약한, 즉 편평(扁平)한 3단형이다. 더 정확하게 말하면 전제만 3행으로 열거되고 결론이 없는(결론은 독자의 몫으로 남겼다.) 일종의 '나열형'이다. 틀(뼈대)을 추려보면 "풍족 속의 굶주림은 꼴불견이다(제1행), 홍수 속의 갈증은 꼴불견이다(제2행), 인재 귀한 정치 공황은 꼴불견이다(제3행)"의 3단형인데, 대전제·소전제·결론 형이 아니라 단지 전제의 3행 나열에 지나지 않고, 이러한 나열을 총합한 결론은 독자에게 맡겨져 있다. 구문상으로는 '꼴이나'가 각행의 끝말로 반복(세 번 반복)되는데 귀납형의 방식이라고 할 수 있다. 대전제를 먼저 제시하는 3단 논법형과는 다르다고 하겠다. 3단형이라고 하더라도 여러 가지 성질의 형식이 있으므로, 여기서는 변죽만 건드려본 정도로 그치겠다.

3.
다음엔 실제 작품을 조금 음미해 본다. 「귀열고」는 「夏夜」와 더불어 박진환의 풍시조 중에서 가장 재미있는 작품인 것 같다. 전형적인 작품이라고 해도 괜찮다.

'기막하다'의 활용형(기막힌, 기막히세요)은 문답의 '고리' 역할을 한다. 부동산중개업자와 시적 주체도 연결시켜준다. 그런데, 대답 부분(제3행)의 '기막히세요'라는 '고리'에는 '기막히다(어떤 일이 하도 어이없거나 엄청나서 질릴 정도이다와 같은 부정적 성질의 의미와, 어떻다고 말할 수 없을 만큼 좋거나 정도가 높다와 같은 긍정적 성질의 의미가 공존한다)와 '귀(耳) 막히다' 등의 의미가 공재해 있고, '귀 막히다'는 뜻의 말은 짐짓 잘못 알아들은 것으로 되어 있다. 이 풍시조의 재미는 '기막히세요'라는 고리에 내재된 다채로운 뉘앙스의 삼중 겹침에 있는 것 같다. 여기에 "너나 기막히세요"라는 독백 형식의 대답에는 "너나 잘하세요"(영화 「친절한 금자씨」의 주인공이 한 말)도 연상되고, 더 지적으로 민감한 독자라면 "사또님 말씀이야 다 우습지"나 "사돈네 남의 말 한다"와 같은 속담도 연상하게 될 것이다. 또 2인칭 대명사 '너'와 높임말인 '기막히세요'는 존대법상 일치하지 않는다. 이러한 문법적 불일치도 미적·풍자적 효과에 한몫 더한다. 말하자면 독자의 지적 수준에 따라 그 웃음과 재미가 증감된다. 아마 이러한 시적 장치의 전부를 담아 뭉뚱그리기에 적합한 가장 간결한 형태가 3행시가 아닐까도 생각된다.

> F킬라를 뿌리듯 이발사가 내 머리에 스프레이를 분무한다
> 내 머리를 모기나 파리 대가리쯤으로 아는 모양이다
> 하긴 싹싹 손 비비고 남의 피나 핥았으니 그럴 법도 하지
> ― 「이발소」에서

전제가 되는 부분의 열거를 1행, 2행에 배당하고, 그 전제를 근거로 제3행에서 결론을 도출한 3단형이다. "이발사가 내 머리에 스프레이를 뿌린다(제1행), 나를 모기나 파리로 간주하는 것 같다(제2행), 아첨하고 착취했으니 이발사의 행위는 당연하다(제3행)"는 것이 이 풍조시의 뼈대다. 추린 논리소다. 그러나 이 논리 속에는 의도적 곡해(曲解)와 사회를 향한 우회적 공격이 숨어 있다. 논리 속에 숨은 이 장치의 이해가,

이 풍시조 수용의 전제가 된다.

특히, "싹싹 손 비비고 남의 피나 핥았으니"에서, 1인칭(모기나 파리의 1인칭)인 '나'의 비하(卑下)를 통해서 파리나 모기와 다를 바 없는 자신이 바로 사회의 무고한 사람들에 대한 침입자나 가해자였음을 폭로한다. 자기가 바로 풍자의 칼날에 희생되어야 할 대상이며, 자신의 비하가 공격과 비판을 위한 칼날 갈기의 전제라는 아이러니를 본다. 일종의 도회(韜晦)의 비늘이라고 할까. 새디즘과 매저키즘은 동전의 양면이라는 심리분석도 이 경우에 해당될지?.

> 夏! 정말 덥다, 夜! 시원하다
> 夏夜보다 더 신나고 시원한 것 없을까
> 없긴 왜 없어, 下野란 말 있잖아
> ―「夏夜」전문

「夏夜」는 문답형 중의 자문자답형이다. 독백형 자문자답이다. 두 개의 전제에서 의외의 결론을 끌어낸 3단 형태라고도 할 수 있다. 제1행의 대전제가 그다음의 소전제와 결론인 대답을 가능하게 해준다. 어쨌든 '夏夜'라는 펀(pun)과 더불어 박진환식 풍자와 해학의 가장 돋보이는 전형적인 시다. '夏夜'에 내포된 골계미와 풍자성을 분석해 보자.

'하야'라는 시니피앙에는 1)계절로서의 夏夜, 2)'하! 야'라는 반응의 감탄사, 3)하야(下野)라는 시니피에가 겹쳐 있다. 반복하면 시니피앙의 한 덩어리 속의 세 시니피에가 꼬리를 물고

꼬여 메비우스의 띠처럼 회오리친다. 특히 '하야(夏夜: 下野)'라는 말이 지닌 풍자성이 시 전체(1행, 2행, 3행)에 삼투되어 방사(放射)한다. 웃음 속에 감추어진 칼날을 보는 것 같아 섬찟하다.

4.
끝으로 풍시조 1편과 외국의 우화 1편을 비교해 볼까 한다. 대상은 둘 다 '중동(中東)'이다.

> 열사의 불 먹고 사는 탓에 제 버릇 못 버려 즐기는 불장난
> 석유까지 불을 뿜어대니 연일 불바다지
> 얼음을 먹어야 식히는데 中東엔 仲冬이 없으니
> ―「仲冬이 없으니·1」

이것은 일종의 '편'이다. 「夏夜」에 비하면 편의 구조도 퍽 단순한 편이다. 페르시아만(아라비아만)의 해변에 '개구리' 한 마리가 햇볕을 쬐고 있는데, '전갈(scorpion)'이 와서 바다 건너 저쪽 언덕까지 등에 태워 건너달라고 부탁한다('전갈'은 몸속 독낭에 못 모양의 독침이 들어 있는 동물이다).

"싫어. 넌 전갈 아냐. 날 찔러 죽이려고"
"바보 같은 소리" 내가 찌르면 너도 죽지만 나도 익사하지 않는가. 잠시 생각한 끝에 개구리가 말한다.
"그렇군. 그럼 내 등에 올라타"

전갈을 등에 태운 개구리가 아라비아 바다를 건너기 시작한다. 바다 복판쯤에 왔을 때, 전갈은 갑자기 독침을 꺼내어 개구리를 찔러 버렸다.

"왜 이래?"

전갈이 대답했다. "여긴 중동(中東)이야."

유머지만, 이것은 '우화'의 형식을 취하고 있다(박진환도 '우화' 쪽으로 발전할지도 모른다). '개구리'는 아라비아만으로 관광 온 유럽인인지도 모른다. 그러나 이 조크에 등장하는 '전갈'과 '개구리'의 본의(本義)가 각각 유럽과 중동 중에서 어느 쪽인가에 따라 작품 전체의 이야기가 달라지고, 공격의 대상도 반대가 된다. 그러면 박진환의 풍시조의 공격 대상은 누구인가. 중동만이라고 할 수 없다. 여기서 해학이건 풍자건 그 속에 감춘 예리한 '날'의 현동화(現動化)가 실은 얼마나 어렵고 미묘한 것인가를 시사한다. 특히 「전갈과 개구리」의 경우, 그 균형(balance) 잡기의 어려움을 실감하게 된다.

나는 오늘의 한국시의 지형도를 그려본 적이 있다. 1)전통과 서정(전통적 서정시), 2)메시지와 관념(관념시, 생태시), 3)이미지와 물리성(언어 이미지시), 4)탈관념의 실험(탈관념시), 5)주지적 처리(주지시) 등이 그것이다. 한국시의 동서남북이라고도 할 수 있다. 우리 시단의 특색 있는 시의 중요한 작품들은 일단 이 지형도로 배열, 배치할 수 있다. 우리 시의 현황이다.

나는 박진환의 최근작(3행의 풍시조)을 주목하면서 '주지시'

의 장르로 보았다. 지금도 나는 이러한 자리매김을 후회하지 않는다. 김춘수는 박진환의 풍시조에 대하여 『하여지향(何如之鄕)』을 쓴 송욱의 '전철'을 밟고 있다고 했지만, 나는 송욱과 '같은 계열'이라고 보지, '전철'이라고는 생각하지 않는다. '풍자의 노끈'으로 송욱과 박진환을 칭칭 묶어 버리는 것도 가능하나, '풍자'가 있는 '주지(主知)의 토포스' 속에 자리한 박진환의 거처가 지닌 의미의 진폭을 이해할 필요가 있을 것 같다. 풍자, 해학, 펀, 아이러니, 비꼼, 조롱 등은 '주지시'의 자원이긴 하나 이것만이 전부는 아니다. 이러한 주지시는 송욱, 김현승, 김광섭 등을 거쳐 김기림(金起林)의 장시 『기상도(氣象圖)』(1936)에 이른다는 사실을 이해한다면, 주지의 여러 가지 자원이 뭣인가를 짐작할 수 있다. 『기상도』가 지닌 주지적 풍부함의 목록을 일일이 확인할 필요가 없을까.

이야기를 많이 에둘렀다. 다시 「仲冬이 없으니·1」과 「전갈과 개구리」이야기가 지닌 한 가지 토픽도 주지(主知)가 지닌 여러 가지 목록 중의 하나다. 지성은 억제와 조절에 바탕을 둔 '균형'을 강조한다. 형이상적 존재의 인식, 그 인식이 지닌 초월성의 자기화(自己化)에 의한 시선의 확보, 그 중의 풍자적 시선이 공격 대상을 선정하는 일에 도리없이 참여하는 '균형'은 특히 중요하다. 저울대의 무게와 추가 형평을 이룰 때 '풍자'는 더욱 빛날 것이다.

■ 시집 평설을 대신해서_諷詩調에 대한 사계의 견해

知的調律에 의한 시 意味의 密度와 結晶度
— 『諷詩調』의 창간에 부쳐

성찬경(전 예술원 회원)

　문예지 『풍시조(諷詩調)』가 창간되었다. 때는 2008년 초여름이고, 앞으로 계간지로 계속 발간될 것이라는 예고다.
　문예지라고 했지만, 문예지치고는 매우 특수한 성격을 지니는 문예지다. 우선에 소설은 배제된 시 전문지이지만, 넓은 범위의 시 일반을 싣는 것이 아니라 '풍시조(諷詩調)'란 새로운 시적 유형과 범주에 속하는 시만을 모아서 엮는 시지이니, 이를테면 시단 안에서도 특수 전문지의 성격을 갖는다. 흔히 취미 오락 등을 다룬 잡지에 낚시니 등산이니 바둑 등을 전문으로 다루는 잡지를 보게 되는데, 『諷詩調』는 시 안에서도 독특한 장르만을 대상으로 하는 일종의 전문 시지(詩誌)인 셈이며, 우리나라 시사(詩史)와 시단의 현황이 어언 여기에까지 이르렀는가 하는 감회를 갖게 된다.
　여기에서 좀 더 차분히 『諷詩調』의 출현을 지금까지 키워온 그 뿌리와 수맥을 살펴볼 필요가 있다. 말할 것도 없이 이

『諷詩調』의 근본이 되는 자양적 모태는 박진환 시인이 약 30년에 걸쳐서 전개해온 넓은 의미에서의 지성시(知性詩) 운동이다. 박진환 시인은 이러한 지성시의 구체적인 전개방법으로서 '형이상학시'의 기치(旗幟) 아래, 이른바 변용의 시를 추구해온 것은 세상이 다 아는 바다.

변용의 시도 실은 그 개념의 범주가 좁다 할 수는 없다. 더 구체적으로 말하면 시에서의 위트, 컨시트, 또는 편과 같은 기법을 활용하여 시의 정서적 구조를 지적 구조로 바꾸고, 그럼으로써 시를 의미의 밀도에서 좀 더 경질(硬質)의 것이 되게 하려는 시적 추구를 말한다. 그리고 이것은 그 시적 추구에서 17세기 영국의 '형이상학파' 시인들의 추구와 그 맥이 통한다는 사실도 우리가 알고 있는 바와 같다.

여기에서 박진환 시인의 이러한 시적 추구가 우리 시의 현실적 상황과 어떠한 관계에 있는가 하는 점을 살필 필요가 있다. 현재의 우리 시는 한 마디로 지성이라는 영양소의 결핍 증세가 심한데, 또한 그것을 자각하고 있지도 못하다는 것이 나의 솔직한 판단이다.

시에서 지성이 하는 구실은 일종의 조화 감각이라 할 수 있다. 시가 너무 한쪽에 치우치는 것을 막아주는 감시의 역할을 하는 것이 바로 지성이다. 그래서 시에서 지적 요소가 부족하면 시가 한쪽으로 치우치는 것을 막지 못한다. 시에서 눈물이 너무 많아진다거나, 지나치게 격정에 사로잡힌다거나 정서의 내용이 너무 가냘퍼진다거나, 또는 지나치게 괴기해진다거나 하는 현상이 모두 지성적 작용의 결핍에서 오는 증후라 할 수 있다.

　문예지 『조선문학』을 중심으로 하는 한 무리의 문인들이 문학에서 지성적 구실을 강조하고, 줄기차게 우리 문단에서의 이러한 허점을 보완하고자 한 문학적 공헌에 대한 평가에서 우리는 몰인식과 소극성을 벗어나지 못하고 있는 것이 아닌가 하는 것이 역시 나의 생각이다.

　이번에 발간된 『諷詩調』는 박진환 시인이 벌여온 시운동의 더욱 정제된 결정과도 같은 것이며, 이것을 일종의 '문학적 발명'이라 해야 마땅할 것이라는 생각이 든다.

　어느 시대에 있어서나 문학의 새로운 양식은 그것이 하나의 새로운 발명임을 의미한다. 그리고 진정한 의미에서의 '발명'이라면, 얼핏 보아 아무리 하찮게 보이는 것일지라도, 거기에는 발명자의 많은 시간과 피땀과 노고가 스며있음을 잊어서는 안 된다. 시에 있어서도 마찬가지다. 시의 새로운 체질과 양식과 장르의 발명이 실은 시인들의 끊임없이 노력하고 추구하는 목표이기도 한 것이다.

　'諷詩調'의 출현 역시 결코 하루아침에 이루어진 우발적인 출현이 아님은 말할 것도 없다. 지금까지 박진환 시인이 시도해온 많은 '3행시'와 '諷詩調'가 그 싹이 되어 피어왔음은 물론이다.

　『풍시조(諷詩調)』가 갖는 새로운 체질적 특색을 간단히 살펴보겠다. '諷詩調'가 우리 고유의 전통적 시가의 형식인 '시조(時調)'와 체질적 연관성이 있음은 물론이다. 諷詩調의 구성이 3행으로 돼 있는 점이 초중종 3장으로 돼 있는 시조와 일치한다는 것에서도 이 일을 알 수 있다. 원래 시조의 초중종 3장도 시조보다 더 뿌리 깊다 할 수 있는 동양 고유의 한시(漢詩)의 기승전결에서 나온 것임을 우리는 짐작할 수 있다. 4행 1연을 기본 단위로 하는 기승전결은 사실 동서고금의 모든 시적 감흥의 기본 틀이기도 하다. 다만 시조의 경우 종장에 해당하는 3장에서는 '전(轉)'과 '결(決)'이 한 행에 압축됨으로써 4행의 경우보다도 더욱 극적 효과와 시의 긴장감을 높여주고 있다.

이와 같이 諷詩調는 시조와 일맥상통하면서도 예술적 감흥을 겨냥하는 데에서는 시조(時調)와 사뭇 다르다. 곧 시조의 시의 뜻을 한자의 때시 '時'에서 글시 '詩'로 바꿔놓은 데서 그 겨냥하는 바를 짐작할 수 있다. 시조(時調)가 그 주제를 시대적 풍습에 맞추려는데 두고 있다면, 諷詩調에서는 시류(時流)를 넘어서는 작품으로서의 시적(詩的) 가치를 높이려는 의도가 숨어 있으며, 이런 점에서 '諷詩調는 이른바 순수시(純粹詩)와도 그 방향을 같이 하게 된다.

'시조(詩調)', 곧 시의 흐름에 또 '풍(諷)' 자가 결합되어 있으니, 이것은 또 어떤 의도를 품고 있는 것일까. 여기에서 '풍(諷)'자는 박진환 시인이 시지의 '창간사'에서도 밝히고 있는 바와 같이 시에 넓은 의미의 풍자성(諷刺性)을 담으려는 의도와 다를 바가 없으니, 이 풍(諷)의 개념에는 시에서 전개할 수 있는 지적 작업 일반의 여러 항목이 두루 포함돼 있으며, 위트, 아이러니, 새타이어, 시니시즘(비꼬움) 등 표현상의 역설적 기법이 종횡으로 등장하게 된다.

그리고 이러한 풍자는 그것이 일종의 지적 응징의 구실을 하게 되는 것이며 이와 같은 응징의 숨은 의도는 바른 사회, 꼴불견인 시류적인 속물(俗物)들이 사라지는 사회, 양식이 통하는 밝은 사회의 출현을 바라보는 것이니, 깊은 뜻에서는 이 풍자의 정신이 곧 인도주의적 염원과도 일치한다는 점을 간과해서는 안 될 것이다.

 諷詩謝의 보기로서, 박진환 시인이 전, 현직 대통령을 소재로 풍자한 시를 보려 한다.

> 노랗게 노랗게 노자로 시작해서
> 나리나리 개나리 리자로 끝나면 무슨 나리게
> 개나리, 노노노 무식하긴 노나리지
> —「개나리」

> 이명박 대통령 임기 끝나 퇴임하는 날이 2012년 12월 26일
> 이날에 맞춰 돌아가는 시계가 이명박 시계란다
> 시작이 엊그젠데 퇴임 날 꼽아가며 돌아가는 시계가 있다니
> —「이명박 퇴임시계」

 편과 시니시즘과 새타이어가 2중 3중으로 얽히고 꼬인, 고도로 지적인 시적 작업임을 알 수 있다. 이보다 더 따끔한 응징적 일침이 또 있겠나.

 계간지 『諷詩謝』는 이제 막 창간되었기 때문도 있겠지만, 아직 동인지의 성격을 완전히 벗지 못한 느낌도 없지 않아

있다. 앞으로 이런 점도 차츰 보완이 되리라 믿어지며, 이 시지가 잘 성장하여 응분의 구실을 하게 될 것을 나는 축원의 시선으로 바라본다. 그렇다 하더라도 일관성 있는 '지성시'에의 헌신과 노고가 정당한 평가를 받게 되는 날이 우리 시사(詩史)에서 언제 찾아올 것인가.

■ 시집 평설을 대신해서_諷詩調에 대한 사계의 견해

諷詩調의 깃발과 風向
- 새로운 시 운동에 대하여

김용직(전 학술원 회원)

 극히 최근에 그 모습을 드러낸 諷詩調 운동에는 두 가지 정도의 전략이 내장되어 있는 듯 보인다. 그 하나가 독특한 형태양식 해석이며 다른 하나가 현실 상황을 향한 예각적 공격의식이다. 명백히 현대 서정시의 서부(西部)를 개척하려는 의욕으로 시도된 이 시운동은 그러나 그 형식을 3장 6구를 원형으로 한 단형시 제작을 바탕으로 하고 있다. 3장 6구의 단형시라면 우리 머리에는 곧 한국 전통시가 양식인 시조가 떠오른다. 시조는 국민문학파에 의한 개혁운동 이후 새로운 토대를 마련하게 되었다. 이때부터 시조는 고전시가의 인습적인 면을 벗어나 새 시대의 양식이 된 것이다. 諷詩調는 시조의 이런 틀을 이용하려는 듯 보인다.

 諷詩調는 그 의식성향으로 보아 상당히 공격적이며 호전적이기까지 하다. 그 도마 위에는 정치, 경제, 사회, 문화의 문제만이 아니라 개인의 윤리, 도덕적인 사건까지가 가차 없이 올라 난도질당한다. 그런데 많은 경우 諷詩調의 비판, 공격은 예술적 의장을 거치지 않은 가운데 이루어진다. 諷詩調에서 풍(諷)은 수사론에서 풍자를 뜻할 것이며 고전문학의 감각을 곁들이게 되면 풍간(諷諫)과 같은 맥락에서 해석될 말이다. 풍자와 풍간에 역겨운 현실, 아니꼬운 대상을 꼬집고 공격하는 단면이 내포되어 있는 것은 사실이다. 그러나 그런 경우의 비판, 공격은 진술의 형태로 이루어지는 것이 아니라 비유의 형태를 취하는 것이 바람직하다.

풍자문학에서 직접적 언술(言述)이 아니라 간접적인 기법이 이용되는 까닭은 단순하다. 많은 경우 시인이 아니꼽게 생각하는 대상은 한 시대와 사회에서 강한 힘을 가진 개인이거나 집단과 그 부수 형태인 제도나 규범들이다. 그들을 진술의 차원에서 공격하는 경우 작품들은 즉각 압수, 폐기되고 그 제작들은 연행, 구속될 위험에 노출된다. 시와 예술이 노려야 할 것은 이런 자살 특공대식 자기표출이 아니다. 이런 감각이 생산해 낸 전략의 결과가 풍자로 해석되어야 하는 것이다.

諷詩調가 3장 형식을 취한 것에 대해서도 이와 거의 같은 이야기가 가능하다. 諷詩調가 3행시의 형태를 이용한 것은 3행시가 한국 전통 시가를 대표하는 것으로 판단된 결과일 것이다. 새로운 시가운동이 국민문학의 자리에 오른 양식의 특성을 이용하는 것은 슬기로운 일이다. 그러나 이 경우에도 우리는 창작활동에서 기본교의 하나를 기억하고 있어야 한다. 모든 창작활동에서 형태는 묵수될 것이 아니라 새롭게 해석, 개척되어 나가야 한다. 국민문학파의 전례가 가리키는 바와 같이 3장 6구의 시조가 갖는 큰 틀은 긍정적으로 계승될 수 있다. 그러나 그 틀 속에 새로운 시로서의 호흡과 맥박은 끊임없이 재창조되어야 한다.

  우리는 모처럼 시도되는 諷詩調 운동이 한국 현대시의 높은 산맥이 되고 푸른 강줄기를 이루어나가기를 희망한다. 이런 소망이 다소간 비판적인 생각을 토로하게 된 셈이다.

■ 시집 평설을 대신해서_諷詩調에 대한 사계의 견해

박진환의 3행 '諷詩調'에 대하여

최원규(충남대 명예교수)

　최근 지속적으로 왕성하게 발표해온 박진환의 삼행시초 '諷詩調'야말로 괄목할만한 한국적 단형시다. 더구나 시대적 상황이 사회적으로 굵직한 이슈를 던져주었던 전변의 정치적 관심이 우리 모두를 끌어들이는 시기와 맞물렸기 때문이기도 하다. 이미 정권 교체에 따른 권력의 갈등에서 겪은 일이지만 대선과정에서 마지막까지 문제가 되었던 BBK 사건, FTA, 숭례문 복원, 대운하 찬반, 광우병 등으로 인한 촛불 시위 범람이 쓰나미처럼 휩쓸고 지나갔으며 아직도 그 여진이 계속되고 있다.
　이렇게 불안한 계절에 시인은 이들의 갈등과 부조리를 외면하고 추상적인 언어를 기반으로 하는 사회적 연대감에서 벗어나 강 건너 불구경만이 순수의 미덕인가. 마땅히 지식인으로 가치판단이나 문화적 선악에 동참, 선도의 언어가 필요해진 것이 너무 당연하다. 하물며 시는 시인끼리 담을 쌓고 그 속에 안주해 있는 모습에서 벗어나 시민과 동참 동행하는 시민의식이 필요하다.

이미 우리 시의 역사 속에서도 한용운, 이육사, 윤동주 그들의 평가에서 볼 수 있듯이 그들의 시에서 우리의 의지와 나라를 걱정하는 애국시가 용솟음치기도 하였다. 그런 점에서 이 시대 박진환의 諷詩調야말로 우리 시단의 중요한 뇌관을 건드린 사건이라고 판단된다.

諷詩調는 삼행이라는 점에서 시조와 같으나 구조나 형태적 특질이 시조의 틀을 벗어났을 뿐만 아니라 어귀나 비유법의 방법을 시조와 달리한다. 한편 화제가 되고 있는 시대적 상황을 직접적인 논의와 평가를 요구하며, 아이러니, 패러독스, 유머로 수용한다. 요컨대 박진환의 '諷詩調'는 업투데이트한 시대적 사회시를 전제한다. 그러므로 그의 '諷詩調'는 작중 인물들의 선행이나 악행의 전제를 제시하며 마지막 행에 이르러서는 개선이나 선과 악의 가치판단의 동참을 요구한다.

박진환의 '諷詩調'는 악과 사의 교정을 위한 화해적 개선이라는 점에서 꼬집고, 비꼬고, 깎아내리고, 비아냥하고 비판, 고발, 폭로를 시의 바탕으로 삼되 마지막 의도는 '순수한 통징'을 감행함으로써 풍자시보다는 한 차원 높은 시적 장치를 갖추고 있다는 점에 주목한다.

박진환은 엄격하거나 거창한 테마를 희극적으로 처리하거나 재미와 멸시, 분노와 냉소의 태도를 환기시킴으로써 그것을 약화시키는 기법을 사용한다. '웃음을 무기로 사용하고 작품의 외부에 존재하는 과녁을 겨냥한다. 그 과녁은 개인적인 일일 수 있고, 어떤 계층이나 제도나 국가나 인류 전체에게까지 할 수 있다'라고 전제한다.

요컨대 화자가 단정하는 외견상 주장과 속으로 의도하고 있는 의미가 서로 다른 진술을 할 때 그 진술은 태도나 평가를 명백히 표현하지만 그것과 매우 다른 태도나 평가를 함축하고 있는 것을 포함하는 것이 아이러니의 기술이라고 보았을 때 박진환의 '순수한 통징'을 암시한다. 발음이 같고 흡사하지만 의미는 전혀 다른 같은 소리에 다른 의미를 갖는 말들은 때로 읽는 이에게 가치판단의 격정적인 한편으로 기울게 하기보다 그것을 유보하며 역지사지(易地思之)의 공평성을 유발시키고 화해성을 유도한다.

박진환은 시적인 재담(equivoque)도 있고 때로 언어유희(pun)도 있지만, 그것들은 읽는 이로 하여금 간담이 서늘해지는 경지까지 유발한다. 때로는 '삶 속의 죽음'이나 '쾌락의 고통', '사랑의 증오'들처럼 메타피지컬포에트(Metaphysical poets)들이 사용한 흔적에 영향되었다고 할 수 있으나 박진환의 경우 경고성의 환기에 더 치중함을 볼 수 있다.

마침내 풍(諷), 시(詩), 조(調) 각개의 문자 의미의 내부를 탐색할 때 모두 언(言) 말씀이 들어있다. 말씀[言]은 글[文]과 구별된다. 글은 논리와 절제를 요구하지만 말[言]은 흘러가는 물과 같이 지형이나 지세에 따라 형태가 변하며 응집한다. 그러므로 흐름의 방향은 같지만 물줄기는 즉흥적이며 당대의 상황에 따라 전변한다.

말씀[言]은 바람[風]과 절[寺]과 두루할 주(周)를 더하여 동서남북, 종횡무진, 당대를 섭렵한다. 그리하여 박진환의 '諷詩謂는 마침내 세상사의 이야깃거리의 중심부에서 주제할 수 있는 정세의 총화와 전환을 암시한다.

박진환의 諷詩謂가 꼭 3행이어야 하는가의 문제에 대하여 신중히 생각해야 한다. 다만 어느 민족이고 그 민족의 정서적 흡인력에 의하여 자연 발생적으로 생겨난 정형적 틀이 있어 왔다. 가령 당시(唐詩)의 4언 또는 7언 절시나 영시의 4행시(quatrain), 이행연귀(couplet), 14행시(sonnet) 모두 각운 구조로 결합된 강약음보격의 시행으로 되어 단일시귀(stanja)의 서정시인데 우리의 고유 문학형태의 시형(시조)들이 3장 6귀의 원칙을 고수한 것은 민족적인 고유성과 기풍(Ethos)에 의한 것이라고 믿는다. 다만 박진환의 경우 꼭 우리의 시조를 의식한 3행시는 아니지만(사실 시조와는 그 정형시로 의미구조의 잣대에 맞지 않음) 정형시로서 규율에 맞는 것이 아닌 자유시로서의 의미를 더욱 확대한다.

외형상 3행시로 처리한 것은 압축과 긴장미의 효과를 살리며 음수율에서 체험할 수 없는 탄력을 보여준다.

그리하여 3행시는 우리에게 낯익고 우리 말의 생태적 관습의 순리에 수용된다. 또한 시의 자연스런 형태의 공감이 일반화되었기에 박진환 삼행시가 우리 시단의 충격파를 더해 간다고 생각된다. 그의 3행 諷詩謂의 창출은 우리 시문학사의 새로운 원형을 배가시킨 원동력이 될 것이며, 한편 시적 표현미학에서 잡다한 외래적 수용의 난맥상을 제압하는 데 주요한 길잡이가 될 것이다.

박진환의 3행 '諷詩謝'는 시조(時調)와 동자이의어(同字異義語)로 우리에게 새로운 정형성의 모델을 제시한다. 그러므로 우리 현대시가 지닌 무모한 율격이나 시적 주제의 미숙성 또는 혼미성을 극복하는 데 따른 주제시로서 확실한 언덕이 형성된 셈이다.

■ 시집 평설을 대신해서_諷詩調에 대한 사계의 견해

풍시조 읽기

문효치(전 문협 이사장)

 박진환 시인의 諷詩調를 읽었다 풍시조(諷詩調)라는 낯선 이름에 대하여 저자는 풍자시를 줄여 풍시라 하고 거기에 무슨무슨 투나 태도의 뜻으로 죠(쪼.調)를 붙였노라고 설명하고 있다. 그러니 諷詩調의 본질은 풍자시일 듯하다.
 우선 재미있다. 식상한 이미지들의 나열이나 아니면 거의 산문화 되어버린 요즘의 시들에 입맛을 잃었는데 이 諷詩調는 매우 신선한 재미를 느끼게 해 준다.
 세상은 부조리와 불합리와 부정 불의 등으로 가득 차 있다. 이러한 세태가 우리를 짜증나게 하고 화나게도 한다. 살맛을 잃게 한다. 정말 살맛을 잃게 하는 재미없는 제재를 박진환 시인은 재미있는 시로 만들고 있다.

 핵, 우리도 그깐거있어 펑펑터지는 국제특허품 不字標 핵 있어
  불평등·불공평·부조리·부정부패·부동산 투기까지

건들면 폭발하는 순 국산 不字標 핵 있다고, 까불고 있어
— 「까불고 있어」 전문

 불평등 불공평 부조리 부정부패 부동산 투기 등 우리사회에 만연한 부정적 요소들, 이것들은 가히 우리 사회를 파괴시킬 만한 위력을 가지고 있다. 정말 심각한 문제다. 이런 사항들을 '不字標핵'으로 둘러댄 그 재치가 재미있다. 그래서 이 시를 보면 일단 웃음이 난다, 진짜 핵을 '그간거'라고 대수롭지 않은 존재로 봄으로써 '不字標 핵의 위험성을 한껏 고조시켜 놓았다. 내용은 매우 심각한 문제성을 가지고 있지만 표현된 말들은 우리를 재미있게 해 준다.
 '까불고 있어'라는 끝절은 상대방(진짜 핵을 가진 자)에게 눈을 흘기며 짐짓 어깨를 으쓱거리는 모습을 떠올리게 해 준다. 다소 장난기가 보이는 모습을 연상하면서 시인의 재치를 다시 한번 실감케 해 준다.
 이러한 부조리 불합리한 사태를 능란한 솜씨로 비꼬고 농락함으로써 독자들은 후련한 카타르시스를 느낀다. 내가 미처 하지 못한 앙갚음을 대신 갚아 주는 것 같기도 하고 어쩌면 내 심정을 잘 알아주는 것 같기도 하다.
 이 책은 멸시 분노 증오의 정서를, 비꼼 냉소 조소 조롱 역설 등의 언사로 가득 채워 놓았다. 그러나 궁극으로는 교정·교훈의 의지가 숨겨져 있다.

뭐라구라우, 사람 낳고 돈 낳제 돈 낳고 사람 낳다구라우

> 허허 이 양반 순 구식이네
> 신식으론 돈 낳고 사람 낳제, 사람 낳고 돈 낳고가 아니여
> ―「뭐라구라우」 전문

 돈 낳고 사람 낳은 것은 불변의 진리이다. 그러나 신식으로는 돈 낳고 사람 낳았다고 큰소리친다. 그러나 이것은 역설이다. 화자가 진짜로 하고 싶은 말은 이른바 구식인 '사람 낳고 돈 낳다'는 말이다. 이것이 뒤집힌 세상, 전도된 가치에 대해서 일갈하고 꼬집은 것이다. 그리고 그에 대한 반성과 교정을 꿈꾸고 있는 것이다.
 삼행으로 압축한 단아한 모습의 시형에도 주목하고 싶다. 말 그대로 촌철살인의 짤막한 말이 감동을 준다. 요즈음 장황한 수다를 늘어놓는 시들이 범람하면서 이렇게 간결한 시들이 그리워진다.

> 나라님 물러나면 낙향하여 통나무집 짓고 시나 쓰며 살겠단 말
> 아무래도 허사같다. 시는 말을 아끼고 줄이는 언어경영인 것을
> 저리 말이 헤퍼서야 어찌 말의 진수에 닿을 수 있을지
> ―「아무래도 허사 같다」 전문

 듣기 좋은 수다로 대중들을 현혹하며 실천보다는 말을 앞세우는 정치인을 비꼬며 질타하고 있지만 한 편 짤막한 시론을 엿볼 수 있는 시다. 그렇다. 시는 '말을 아끼고 줄이는 언어경영'인 것이어서 '말이 헤퍼서'는 안 될 일이다.

삼행은 우리의 눈에 익숙하다. 어려서부터 시조를 읽고 배워왔기 때문이다. 물론 시조의 형식에 맞춰 음수율을 조절한 것은 아니지만 그 속에 기승전결의 구조를 가진 것들이 많은 것도 이해하기 쉬운 대목이다.

지금이 바로 이러한 시들이 필요한 시대인 것 같다. 잡지마다 넘쳐나고 있는 산문조 요설이 시성(詩性)을 잠식하고 있고, 그리고 비꼬고 조롱하고 비난하고 질타해야 될 일들이 많은 세상일수록 그러한 세태를 지적하고 경계하며 교정해야 하기 때문이다. 시가 궁극적으로는 인간을 위하고 옹호하는 것이라면 시가 이러한 일에도 적극 관심을 가져야 할 것으로 생각한다.

■ 시집 평설을 대신해서_諷詩調에 대한 사계의 견해

諷詩調에 나타난 형이상시의 수사법

최규철(시인·문학평론가)

들어가는 말

 어느 사회학자는 '농경사회의 삶이 시간 잉여(時間剩餘)의 시대였다면 오늘날과 같은 정보화 사회는 시간 기근(饑饉)의 시대라'했다. 그것은 그 정도로 오늘의 시대가 시간에 쫓기며 살아가는 고속화 시대를 맞이하고 있다는 것이다. 따라서 이러한 고속화 사회에 사는 현대인들의 문학작품에 대한 선호도 역시 장편소설보다는 단편소설을, 장시보다는 단시를 더 선호하는 경향이 있다. 특히 시에 있어서 현대인들의 구미에 맞는 시는 짧으면서도 그 속에 다분한 내용을 함축함으로써 큰 감동을 주는 시라 하겠다. 이런 시대적 요구에 부응하는 시가 바로 박진환 시인이 착안하고 시운동을 전개하고 있는 諷詩調이다.

 諷詩調의 기법은 형이상시의 레토릭(rhetoric)과 흡사한 면이 많다. 컨시트의 기발한 지적 놀라움, 서로 상반된 양극화의 결합과 그 조화, 역설과 반어(反語), 시의 순수한 통징을 통한 내적 울분의 해소와 사회 구조악(構造惡)의 개선 등이 바로 그것이다.

특히 3행시의 짧은 글 속에 함축된 내용과 그 여운을 담기 위해서는 압축적이고 생략적인 구문이 필요하다. 따라서 각 행의 전환 및 반전이 빠르게 전개되는 특색이 있다. 이것은 양극화의 긴장이 팽팽할수록 행과 행의 전환속도가 빠르고 생략과 압축의 미학이 더욱 살아난다.

필자는 그동안 지면을 통해서 3. 4회에 걸쳐 언급해온 諷詩調 시학에 대한 이론을 총괄하고 종합하여 주로 諷詩調의 형이상시적 유사성과 레토릭(rhetoric) 기법의 측면에서 접근해 보고자 한다.

1. 諷詩調의 순수한 통징

諷詩調는 일종의 풍자시의 성격을 띤 시라 하겠다. 풍자시의 사전적인 정의는 부정부패와 비리 현상과 모순 등을 다른 사물에 비유하여 폭로와 공격 일변도의 시를 말한다. 즉 풍자시라고 하는 한자가 풍자할 풍(諷) 찌를 자(刺)로 명시한 바와 같이 모든 죄악상을 어떤 사물로 빗대어 찔러 고통을 가하게 하는 일종의 보복성을 뜻하는 성격을 내포하고 있는 시가 대부분이다. 그러나 諷詩調에서 말하는 순수한 통징의 주된 목적은 諷詩調를 통해서 죄의 아픔을 느끼게 할 뿐만 아니라,

뉘우치고 돌이켜 새롭게 변화하게 하는 데 주력하는 시의 기능을 말한다. 다시 말하자면 죄의 부패성에 대해서 단순히 찌르고 고통을 가하게 하는 데 그치는 것이 아니라 메스를 가하고 수술을 함으로써 병을 낫게 하는 데 그 목적이 있음을 말한다.

그러나 여기서 주의 깊게 보아야 할 것은 수술을 가하되 고통을 없애게 하기 위해 마취제를 동시에 투여하는 방법을 취하고 있다는 사실이다. 즉 유머를 통해서 웃음을 주고 즐거움을 줌으로써 그 고언을 달게 받아들이고 소화시킬 수 있는 기능을 지녔다는 것이다. 諷詩調의 통징이야말로 우리의 뇌에서 일종의 모르핀이나 엔도르핀과 같은 호르몬을 분비하게 함으로써 무통수술을 하게 하고 오히려 미묘한 시적 희열을 주게 하는 절묘한 수술비법을 의미하고 있다. 諷詩調의 작가들은 이런 諷詩調의 순수한 통징의 특성을 숙지하고 이러한 순수한 통징의 기능을 살리는 데 노력해야 할 것이다. 諷詩調에서 이러한 순수한 통징이 살아있지 못한다면 그것은 諷詩調로서의 시적 역할을 다한 시라 볼 수가 없다. 諷詩調의 생명이 바로 여기에 있다 할 수 있기 때문이다.

참으로 諷詩調의 순수한 통징이야말로 오늘과 같은 종말론적인 징조를 토로하고 인류의 구원을 갈구하게 하는 시대적 사명의 성격을 띤 시라 하겠다. 현대사회는 갈수록 첨예한 양극화 조성으로 인한 양자구도의 대립상이 심화되고 있다. 오늘날 정치 경제 사회 문화 전반에 걸친 인류사회의 갈등과 분쟁이 바로 이런 극단적인 양극화 현상에서 오는 결과라 하겠다. 그렇다면 현대시가 어느 때까지 이를 외면하고 오히려 음풍농월(吟風弄月)만을 일삼아야 하겠는가. 시가 인생문제로 깊이 들어가서 이런 양극화 문제를 해소하고 하나로 융합하는 화해와 일치의 시학으로 발전해가야 할 것이 아닌가. 그러한 의미에서 諷詩調 운동의 필연성이 강조된다.

더욱이 환경오염으로 인한 생태계의 훼손과 대기오염으로 인한 오존층의 파괴, 그리고 지구 온난화에서 발생하는 엘니뇨현상 등으로 인류의 생존 문제에 심각한 적신호가 켜있다. 이런 각박한 상황에서 탈출하기 위한 녹색시학 운동의 전면에 諷詩調가 자리하고 있음을 알 수 있다.

시인은 예언자적인 예리한 눈을 자지고 미래사회의 변화를 직시하면서 오늘의 잘못된 과오를 지적 감동을 통해서 깨닫게 하는 순수한 통징에 무한한 관심을 쏟아야 한다.

> 세상이 왜 이러나 유행병처럼 자살·자살·자살
> 마음 한 번 고쳐먹으면 살자·살자·살자가 되는데
> 뭐 그리 좋은 거라고 일편단심 자살이람
> — 박진환의 「뭐 그리 좋은 거라고」

한국인의 자살률이 OECD 30개 회원국 가운데 1위를 기록하는 불명예를 안고 있다. 연예계의 인기 스타들과 대기업의 총수들이 잇따라 자살을 하고 심지어 전직 대통령까지도 스스로 목숨을 끊음으로써 사회적 충격이 크다.

박진환 시인의 諷詩調「뭐 그리 좋은 거라고」는 1행의 자살·자살·자살이라고 하는 부정적인 죽음의 개념과, 2행의 '살자·살자·살자'라고 하는 긍정적인 생명의 개념을 양극구도로 서로 거꾸로 뒤집어 대치해 놓음으로써 기발한 위트와 유머를 돋보이게 한다. 이러한 諷詩調의 기능이야말로 격한 자살충동을 완화시켜 줄 뿐 아니라 생에 대한 강력한 의욕까지도 유발하게 하는 시적 감동을 가능케 한다. 여기서 諷詩調의 풍자 속에 담고 있는 간절한 회심에의 바람이 '마음 한번 고쳐먹으면'이란 말로 표현되고 있다. 이것이 바로 諷詩調가 지닌 순수한 통징의 힘이다.

>피를 빨아 먹는 모기 잡는데 의견이 분분하다
>정치가 어떻고 법이 어떻고 대통령이 어떻고
>입으로 모기 잡나? F킬라를 뿌려야지
>— 박진환의 「입으로 모기 잡나」

이 시는 그 제목부터가 웃음을 터트리게 하는 유머가 있어 마음을 끈다. 이 시 속에 감추어 있는 암시성과 시사성(示唆性)이 모기와 F킬라라고 하는 기발한 메타포를 통해서 큰 감동을 준다. 정계와 법조계의 부패상을 바로잡는, 즉 '피를 빨아 먹는 모기를 잡는데'에는 입으로 하는 설왕설래(說往說來)로써는 근절될 수 없다는 것이다. 특히 수사법 중에서 변화법의 하나인 '입으로 모기잡나?'라고 하는 설의법으로써 F킬라라고 하는 정답을 독자에게 물어 찾아내게 하는 레토릭으로써 스스로 개혁의지를 촉발하게 하는 순수한 통징이 돋보인다. 찌르고 자르고 쪼게는 메스질이 가해짐에도 불구하고 뇌에서 분비되는 모르핀을 통해서 즐거운 마음으로 웃고 수긍이 가능케 하는 회심과 변혁의 비법이 있다.

2. 諷詩調가 갖는 컨시트의 특색

형이상시의 컨시트(奇想, conceit)는 형이상시의 특징 중에서 가장 중요한 특징의 하나라 할 수 있다. 외견상 전혀 유사성이 없거나 상반되고 양극화된 사물이나 상황들을 재치 있고 기발한 방법으로 결합하여 소위 사무엘 존슨(Samuel Johnson)이 언급한 '부조화의 조화'를 이루게 하는 비유적인 수사법을 말한다.

그러나 諷詩調에서 보여주는 컨시트의 특색은 형이상시에서 말하는 그것과는 사뭇 다른 양태의 컨시트를 볼 수 있다. 3행시 구문의 생략적인 특성 때문에 행과 행, 낱말과 낱말, 심지어는 문자와 문자로부터 서로 상반된 사물이나 개념의 명칭과 발음 등을 찾아내고 거기서 특별한 의미성을 유추하여 또 다른 의미를 창출해내는 언어유희적인 기발한 컨시트를 선보이고 있다. 이런 관점에서 볼 때 諷詩調의 컨시트는 단순히 두 가지 사물이나 개념을 교묘하게 결합하여 뜻밖의 유사성을 찾는 기존의 형이상시의 컨시트와는 다른 특성을 지니고 있다고 하겠다.

> 대통령 국정평가 잘했다가 44.2%, 못했다가 41.1%
> 막상막하, 정치란 게 그래
> 上 뒤집으면 下 되고, 下 뒤집으면 上 되거든
> ― 박진환의 「物神時代·216」

　국민이면 누구나 알게 모르게 다 정치에 젖어 살면서 나름대로의 정치철학, 내지 생활철학을 가지고 있다. 그래서 3행에서 '정치린게 그래'라 토로한다. 이런 지적 깨달음을 풍자적으로 소화시켜 표현하기란 그리 쉬운 일은 아니다. 이런 이유 때문에 민감한 사안을 받아들여 유머로 웃어넘길 수 있고, 감동 받아 깨달음을 갖게 하는 諷詩調의 기법에 주목할 수밖에 없다. 그래서 諷詩調가 지적이며 문화적인 통징을 가져오게 하는 첩경이라 여겨진다.

　이 시에서 놀라운 기지의 발산은 2~3행에 있다.'막상막하, 정치란게 그래 / 上 뒤집으면 下 되고, 下 뒤집으면 上 되거든'에서 '막상막하(莫上莫下)'의 上과 下의 문자를 세웠다 뒤집었다 하면서 요동치는 정치판의 불안정성을 꼬집는, 재기(才氣)가 번뜩이는 컨시트를 선보이고 있다. 여기서 다만 上·下라고 하는 양극성의 문자를 가지고 세웠다 뒤집었다 하면서 엉뚱하게 결합한 결론이 「정치란게 그래」로 귀결한다. 이렇게 諷詩調의 컨시트는 동떨어진 개념이나 이미지를 결합하는 데 그치는 것이 아니라, 서로 상반된 단순한 두 개의 문자로써 새로운 제3의 개념을 형성하게 한다. 이런 관점에서

諷詩調의 컨시트는 보다 다양하고 발전된 성격의 것이라 볼 수 있다.

> 박지성·박주영의 꼴은 오 코리아
> OECD국 중 환경평가 맨 꼴찌의 꼴은 어이쿠 코리아
> 둘 다 꼴은 꼴이다마는 뒤에 꼴은 노꼴만도 못해서
> ― 박진환의 「物神時代·191」

 지금 지구촌은 환경오염으로 인해서 점차로 죽어가고 있는 실정인데 우리나라가 OECD국 중에서 환경평가 최하위라 한다. 이 시에서는 이런 실정을 풍자적으로 꼬집고 있는데, 1~2행에서는 축구의 '꼴인'과 환경평가의 '꼴찌'란 서로 유사성이 없는 언어들을 관련 지워 '오 코리아'와 '아이쿠 코리아'라는 서로 반대되는 개념의 언어로 대비시켰고, 3행에서는 꼴찌의'꼴'을'노꼴'이라는 상충·상반되는 개념과 연관시킴으로써 '둘다 꼴은 꼴이다마는 뒤엣 꼴은 노꼴만도 못해서'라는 순발력 있는 기지(wit)를 보여준다. 동시에 더 나가서는 축구의 '꼴'과 환경평가 꼴찌라는 '꼴'의 두 글자들을 교모하게 결합한 諷詩調의 컨시트의 진수를 보여주고 있다.

3. 諷詩調의 양극화 기법

 또 한 가지 諷詩調에서 가장 두드러지게 나타나는 특징 중의 하나가 양극화 현상이다. 그러기 때문에 諷詩調의 컨시트

는 동떨어지고 상반된 가장 먼 거리의 양극성을 폭력적으로 결합하는 과정이나 패러독스와 아이러니의 양면성에서 오는 강한 텐션이 諷詩調로 하여금 그만큼 응축된 의미의 비유가 되게 한다.

> 걸핏하면 여·야 율사들 발목잡느니, 발목잡히느니 해쌌는디
> 뿌리치고 혼자만 가려고 하니 그러지, 동행해봐, 왜 발목잡나
> 잡혀 부러지면 목발신세 못면해, 발목 거꾸로 해봐 목발이지
> — 박진환의 「발목 거꾸로 하면 목발이지」의 전문

분쟁과 불화의 결과가 발목이 목발로 바뀌는 기발한 발상, 곧 생명체를 비생명체로 둔갑시키는 대담한 컨시트의 수사법이 놀라움을 준다. 그 외에도 여·야 율사들, 발목잡느니 발목잡히느니, 발목과 목발 등의 양극화가 이 諷詩調 전면에서 팽팽한 긴장을 조성시켜주고 있다, 거기다가 본래 여·야가 대치하는 정치구도, 그것만으로도 양극의 역학관계를 유지하는 긴장상태인데 여기에 분쟁과 충돌이 생기면 발목이 목발이 되는 더욱더 팽팽한 긴장관계를 촉발한다. 그래서 이 諷詩調는 웃기면서도 여·야가 정치적 협력관계를 잘 유지해야만 나라가 산다는 통징적인 메시지도 담고 있는 시이다.

> 악법·약법, 청문회, FTA로 여·야 붙어도 한판 크게 붙겠다
> 탓하지 말 것이 싸워야 국회답지 잠잠하면 그게 더 두려워
> 마찬가지야, 아이들도 싸움질하면서 크지 않던가

— 박진환의「아이들도 싸우면서 커」

이 諷詩調는 빈번히 일어나는 국회의원들의 성숙하지 못한 의결과정에서의 난투극을 한 마디로 꼬집은 시이다. 아이들이 싸우면서 커가듯이 국회의원들도 싸우면서 커가야만 하는가 하는 시인의 통탄이 곁들어있는 시이다. 가장 성숙해야 할 국회의원들과 가장 성숙하지 못한 나이인 어린이들의 양극현상을 동류부류로 간주하여 이질성 속의 유사성을 찾는 시인의 기지가 번쩍인다. 여기에는 양극간의 이질성이 유사성으로 바뀌는 과정에서 서로 잡아당기는 강력한 텐션도 드러나 있다. 「싸워야 국회답지」에서는 국회가 싸움판이 되어서야 되겠는가 하는 아이러니의 성격을 띤 레토릭도 있고 국회가 변화되기를 촉구하고 갈망하는 통징도 들어있다.

4. 諷詩調의 구조와 그 전환속도

형이상시에서와 마찬가지로 諷詩調에서도 생략된 구문을 씀으로써 의미의 탄력과 밀도를 더하게 하고, 또한 집약적 표현으로써 시의 단축을 꾀하는 기법을 강조한다. 그 결과 시 전개과정에서 그 전환 속도가 빨라지기 마련이다. 그래서 시의 구조가 3행시로 되어 있고 따라서 행의 길이가 짧으면 짧을수록 생략적 효과가 살아나서 함축성이 있는 시가 된다.

諷詩調는 평시조(平時調)와 같은 초장 중장 종장의 3행 형식의 구조이면서도 3장 6구 12음보의 정형시에 매이지 않은 자유시요, 동시에 평시조보다 더 빠르고 생동감이 있는 기승전결(起承轉結)의 전개가 있다. 따라서 諷詩調의 함축성과 텐션을 살리기 위해서는 될 수 있는 대로 행의 자수(字數)를 줄이고 생략하는 것이 좋다.

> 침묵이 金이라고? 순 구식
> 요즘 세상에선 말 잘해야 출세해
> 신식으론 침묵은 禁이야
> — 박진환의 「침묵은 禁이야」

1행의 金이 3행에서는 禁으로 바뀐다. 1행에서 침묵은 金이란 말은 구식이요, 3행에서는 침묵이 禁이란 말로 바뀐 것이 신식이라는 것이다. '요즘 세상에선 말 잘해야 출세해'라는 새로운 진리(?)를 발견하고 시대와 더불어 급속히 변하는 처세술의 격세지감을 실토한 시라 하겠다. 또 이 시 속에는 침묵이 금(金)이었던 옛 시대가 참이요 말을 잘해야 출세한다는 현 시대가 잘못된 것이라는 시사성(示唆性)이 들어 있다. 諷詩調가 그 짧은 시로써 현시대의 많은 모순과 부조리를 다 압축하여 표현할 수 있는 것은 오로지 3행시 속에 짧은 행으로 모든 것을 소화시킬 수 있는 수용성(受容性)과 빠른 전환기능을 지탱할 수 있는 메커니즘에서 온 것이다.

> 銅臭에 코퍼터진 놈이

> 銅醉로 게워내는 주정
> 뭘 쳐다봐, 너나 나나 다를 것이 없는데
> ― 박진환의 「物神時代 · 68」

이 시는 銅臭와 銅醉를 병치하고 3행에서 '뭘 쳐다봐, 너나 나나 다를 것이 없는데'로 동류화((同類(化))시킨 해학적인 기법이 눈을 끈다. 銅臭란 말의 뜻은 돈으로 출세를 하려고 하거나 모든 것을 해결해 보려고 하는 물신주의자들을 낮잡아 하는 말인데 오늘날은 술로써 출세를 하려고 하거나 모든 문제를 해결하려고 하는 銅醉도 많다는 것이다. 銅臭와 銅醉의 내용이 담고 있는 절묘한 조화가 압축되어 이 짧은 諷詩調 한 편을 창구로 하여 오늘의 모든 시대상을 한 눈으로 볼 수 있다.

그러나 풍조시에서 행의 자수를 줄이고 표현의 생략적인 효과를 극대화하려는 경제적인 언어구사는 아무나 할 수 있는 것이 아니다. 허다한 諷詩調에서 발견할 수 있는 것은 행이 짧으면 그 표현과 의미성도 부실한 경우가 많다는 것이다. 따라서 諷詩調는 자수(字數)를 최소화하면서도 그 함축성을 최대화할 수 있는 기법이야말로 바로 諷詩調의 완성도를 높이는 첩경임을 알게 된다.

맺는 말

이상과 같이 諷詩調에서 보이는 수사법상의 기법이 형이상시의 그것과 유사한 점이 많다는 것을 알 수 있다. 그러나 그 구조적인 측면에서 볼 때 형이상시보다는 시가 짧고 컨시트도 형이상시보다는 언어유희의 측면에서 독특하고 문자유희의 면에서도 독보적인 경지를 보이고 있는 시라는 것이다. 諷詩調의 대부분이 명확한 양극화 구조로 되어 있고 상반되고 동떨어진 개념이나 사물을 결합하여 부조화의 조화를 이루고 있다. 또한 3행시의 짧은 시로서 생략적이고 압축적인 기법을 통해서 고도의 밀도감을 조성하기 위해 언어와 언어, 행과 행을 교합하여 전개되는 전환속도가 유달리 빠른 것도 그 특징 중의 하나라 하겠다. 이런 시의 특징 때문에 앞으로 諷詩調가 우리나라 문학의 한 장르를 이루고 발전하여 보다 큰 문학성을 발휘하는 날을 기대하여 마지않는다.

조선문학사시인선 1012

諷詩調詩集 · 499

풍간시초 · 15

2025년 11월 1일 인쇄
2025년 11월 10일 발행

지은이 / 박진환
발행인 / 박진환
펴낸곳 / 조선문학사
등록번호 / 1-2733
주소 / 03730 서울 서대문구 통일로 389(홍제동)
전화 / 02-730-2255
팩스 / 02-723-9373
E-mail / chosunmh2@daum.net

ISBN 979-11-6354-391-6

정가 10,000원

※ 인지는 저자와 합의 하에 생략
※ 잘못된 책은 서점에서 교환해 드립니다.